Dieses Buch kann alleine lesen:

____

Meine liebsten Hunde-Silben-Geschichten

CARLSEN

Silbe für Silbe zum Lese-Erfolg

Liebe Eltern,

Leseanfänger lesen langsam. Sie müssen jedes Wort Buchstabe für Buchstabe, Silbe für Silbe erlesen. Alle Wörter der Geschichten in diesem Band sind in farbigen Silben markiert. Diese kurzen Buchstabengruppen können Leseanfänger schneller erfassen als das ganze Wort.

Bei den markierten Silben handelt es sich um Sprechsilben. Das heißt, die Wörter sind so in Silben aufgeteilt, wie sie gesprochen werden. Die Sprechsilben entsprechen fast immer auch der möglichen Worttrennung, also den Schreibsilben.

Nur bei der Trennung einzelner Vokale gibt es einen Unterschied: Nach den aktuellen Rechtschreibregeln werden einzelne Vokale am Wortanfang oder -ende nicht abgetrennt. Beim Sprechen unterteilen wir solche Wörter jedoch in mehrere Silben, daher sind sie in diesem Band ebenfalls mit unterschiedlichen Farben markiert: Oma, Radio.

Ihnen und Ihrem Kind viel Spaß beim Lesen!

Inhalt

Was machen kleine Hunde?

Eine Geschichte mit Bildern von Miriam Cordes

Was Hunde mögen

Hunde liegen voll Entzücken
zum Kraulen auf dem Hunderücken.

Ein ganz besonderer Genuss,
das ist ein nasser Hundekuss.

Ein Hund will immer bei dir sein,
deswegen bist du nie allein.

Manchmal, doch zum Glück nicht immer,
hat man ein Häufchen auch im Zimmer.

Kleine Hunde bringen Schuhe,
als Herrchen hat man selten Ruhe.

Aus Schüsseln trinken, das macht Spaß!
Der Boden ist dann trotzdem nass.

Hunde mögen gerne laufen
und zwischen Frühlingsblumen raufen.

Socken liegen in Verstecken,
man findet sie in allen Ecken.

Helfen, das ist Hundepflicht!
Ob man das will – oder auch nicht.

Für Traurigkeit gibt's keinen Grund,
schaut man auf einen kleinen Hund.

Bei Sturm und fiesem Regenwetter,
da jagen Hunde gerne Blätter.

Hunde schlafen gern im Bett,
das finden alle Kinder nett.

Leserätsel

Trage die Buchstaben der richtigen Antwort am Ende ein, dann erhältst du die Lösung.

Worauf liegen Hunde gerne, wenn man sie krault?

- S Auf dem Bauch
- B Auf dem Rücken
- O Auf den Pfoten

Was hat man manchmal, aber zum Glück nicht immer, im Zimmer, wenn man einen Hund hat?

- P Ein Türmchen
- E Ein Häufchen
- L Ein Sträuchchen

Wofür gibt es keinen Grund,
wenn man auf einen kleinen Hund schaut?

T Für Traurigkeit

U Für Missmut

I Für schlechte Laune

Was jagen Hunde gerne bei Sturm
und Regenwetter?

M Drachen

T Blätter

Z Bälle

Wo schlafen Hunde und Kinder gern?

Im __ __ __ __

Lösungen

Seite 22/23:

Hunde liegen gerne auf dem Rücken,
wenn man sie krault.
Man hat manchmal ein Häufchen im Zimmer.
Für Traurigkeit gibt es keinen Grund.
Bei Sturm und Regenwetter
jagen Hunde gerne Blätter.
Hunde und Kinder schlafen gerne im BETT.

Anton und Mila finden einen Hund

Eine Geschichte von Katja Reider
mit Bildern von Karin Schliehe und
Bernhard Mark

Wer versteckt sich da?

Das sind Anton und Mila.
Die zwei sind allerbeste Freunde.
Schon seit Urzeiten.
Sie gehen auch in dieselbe Klasse.
Aber heute ist schulfrei – juhuuu!
Zur Feier des Tages machen sie
ein Picknick.

Anton schaut in den Korb:
Erdbeeren, Brezeln,
Würstchen und Saft – super!
Also, nichts wie los!

Am Bach ist ein schöner Platz.
Mila breitet die Decke aus.
Da sagt Anton:
„Lass uns erst noch eine Runde
Verstecken spielen!“

Muss das sein?

Mila knurrt jetzt schon der Magen.

Na gut. Aber nur eine Runde!

Mila schließt die Augen

und zählt los:

„Eins, zwei, drei, vier ...

… dreißig,

einunddreißig, zwei…“

Nanu, was raschelt denn da?

Mila reißt die Augen auf.

Oh, da auf der Decke sitzt
ja ein kleiner Hund!
Das heißt, eigentlich steckt er
zur Hälfte im Korb!
„Hey, was suchst du denn
da drin?“, lacht Mila.
„Hast du etwa Hunger?“

Vorsichtig hebt sie den Kleinen hoch.
Der Hund jault leise.
Aber er bleibt auf Milas Arm.
„Gaaanz ruhig ...“, flüstert Mila.
Ihre Finger streicheln das Fell.
Es fühlt sich strubbelig an.
Aber schön.
Der Hund leckt Milas Hand.

Mila greift in den Korb und
angelt ein Würstchen heraus.
Sie bricht es in Stücke.
Ob der Kleine das mag?
Und ob!
Blitzschnell hat er alles verputzt
und sieht Mila bittend an.
„Immer noch hungrig?“,
staunt Mila.

Leserätsel

Anton und Mila kennen sich …

W … seit Urzeiten.

F … seit Kurzem.

B … seit dem Urlaub.

Heute machen die beiden …

A … ein Nickerchen.

O … ein Picknick.

E … einen Schulausflug.

Anton will zuerst …

L … Verstecken spielen.

M … Verbrecher fangen.

N … den Korb verstecken.

Der kleine Hund ist …

R … ruhig.

T … runzlig.

F … hungrig.

Die Buchstaben neben den richtigen Antworten verraten dir ein Tier, mit dem alle Hunde verwandt sind:

__ __ __ __

Hund gefunden!

„Hey, du suchst mich ja gar nicht!“,
tönt es da plötzlich.
Mila fährt herum. Ach je, Anton!
Den hat sie ganz vergessen!
„Wo kommt denn der Hund her?“,
ruft Anton.
„Pst!“, macht Mila. „Du erschreckst
ihn doch!“
Anton lässt sich auf die Decke plumpsen.
„Und wem gehört er?“, fragt er.
„Keine Ahnung!“, sagt Mila.
Sie krault den Hund
hinter den Ohren.
„Schau mal, er mag mich!“

„Hat er keine Hundemarke am Halsband?“, bohrt Anton weiter.

„Nö, ich glaub nicht“, sagt Mila und wird rot.

Sie dreht sich schnell weg.

Aber Anton weiß auch so, dass seine Freundin schwindelt.

„Du würdest ihn am liebsten behalten, oder?“, fragt er leise.

Mila nickt stumm.

Anton seufzt.
Dann tastet er selbst am Halsband.
Da ist eine Marke mit einer
Telefonnummer und einem Namen
darauf: Strubbel.

Na, der Name passt!
„Strubbels Besitzer machen sich
bestimmt schon Sorgen!“, meint Anton.
„Glaub ich nicht“, schnieft Mila.
„Guck mal, wie ungepflegt sein Fell ist!“

Das stimmt.
Trotzdem müssen die beiden
Strubbels Besitzer benachrichtigen.
Das sieht auch Mila ein.
Also nimmt sie den Hund
auf den Arm.
Anton trägt die Decke
und den Korb.
Dann geht es nach Hause.

Gut, dass Antons Mutter da ist!
Sie hört sich die Geschichte an und
greift dann zum Telefon.
Strubbels Besitzerin scheint
schon älter zu sein.
Und wie sehr sie sich freut, dass
die Kinder Strubbel gefunden haben!
„Kommt, wir bringen Strubbel gleich
zu ihr!“, sagt Antons Mama.

Leserätsel

An Strubbels Halsband hängt …

P … ein Hundeglöckchen.

N … eine Schleife.

O … eine Hundemarke.

Mila möchte den Hund …

T … am liebsten loswerden.

H … am liebsten behalten.

S … am liebsten Anton schenken.

Auf dem Rückweg trägt Mila …

E … einen Hut.

A … den Korb.

R … den Hund.

Die Buchstaben neben den richtigen Antworten verraten dir, wo Strubbel besonders gern gekrault wird: hinter dem __ __ __.

Strubbel hat alle Vokale gefressen. Erkennst du die Wörter trotzdem?

H __ L S B __ N D

H __ N D __ M __ R K __

P __ C K N __ C K

Eine prima Idee

Der Weg zu Strubbels
Besitzerin ist nicht weit.
Glücklich schließt die alte Dame
den kleinen Ausreißer in die Arme.
„Mein Strubbel! Da bist du ja!“
Dann müssen Anton und Mila erzählen,
wie sie Strubbel gefunden haben.
Die alte Dame bedankt sich tausend Mal.

„Ich hatte Strubbel an meinen
Gehwagen gebunden.
Aber er hat sich losgerissen“,
erklärt sie und seufzt.
„Seit meinem Beinbruch
kann ich schlecht laufen.
Alles bereitet mir Mühe.
Aber ich möchte Strubbel nicht
weggeben!“
Auch Antons Mama ist erleichtert, dass
der Hund wieder bei seiner Besitzerin ist.

Mila und Anton wechseln einen Blick.
Ja, sie denken das Gleiche.
Dann sagt Mila: „Wir würden Ihnen gern helfen! Wir könnten mit Strubbel Gassi gehen!“
„Und sein Fell bürsten“, ergänzt Anton.
„Ganz regelmäßig“, verspricht Mila.
„Das würdet ihr wirklich tun?“
Strubbels Besitzerin strahlt.
„Klar!“ Anton und Mila nicken eifrig.

Auch Milas Mama ist einverstanden.
Und Strubbel? Na, der sowieso!
Am nächsten Tag stellen Anton
und Mila Strubbel ihren Freundinnen
und Freunden vor.
„Ist der süß!“, ruft Aylin.
Auch Greta, Salem und Emil
sind begeistert.
„Wollen wir alle zusammen mit
Strubbel Gassi gehen?“, fragt Anton.
Na klar!

Infoseite
Ganz besondere Freunde

Viele Kinder wünschen sich einen Hund, genau wie Mila. Mit einem treuen Vierbeiner über die Wiese zu toben oder gemütlich auf dem Sofa zu kuscheln, ist wirklich toll.

Aber ein eigener Hund bedeutet auch viel Arbeit und Verantwortung – und das für lange Zeit! Größere Hunde wie Golden Retriever oder Labradore werden etwa zwölf Jahre alt. Kleinere Hunde wie Zwergpudel oder Terrier und Mischlinge können sogar bis zu sechzehn Jahre alt werden.

Dazu kommen noch die Ausgaben für Hundefutter, Zubehör und Besuche beim Tierarzt. Das geht ganz schön ins Geld!

Aber auch für die, die keinen eigenen Hund halten können, gibt es tolle Möglichkeiten. Viele Tierheime bieten Gassitermine an. Wer mag, kann sich dort melden und einen Hund spazieren führen.
Sicher gibt es auch freundliche Vierbeiner in deiner Nachbarschaft. Die meisten Hundebesitzer freuen sich, wenn du ihnen anbietest, ihre Lieblinge hin und wieder Gassi zu führen. Zuvor sollten aber auch deine Eltern Hund und Halter auf jeden Fall kennenlernen!
Sind alle Fragen geklärt, können mit der Zeit richtig gute Hundefreundschaften entstehen.

Lösungen

Seite 36/37:

Anton und Mila kennen sich seit Urzeiten.
Heute machen die beiden ein Picknick.
Anton will zuerst Verstecken spielen.
Der kleine Hund ist hungrig.
Das Lösungswort lautet WOLF.

Seite 44/45:

An Strubbels Halsband hängt eine Hundemarke.
Mila möchte den Hund am liebsten behalten.
Auf dem Rückweg trägt Mila den Hund.
Lösungswort: OHR
HALSBAND, HUNDEMARKE, PICKNICK

Helfer auf vier Pfoten

Eine Geschichte von Ulrike Barzik
mit Bildern von Heike Wiechmann

Eis und Hundekuchen

Luise wartet mit ihrem Labrador
Bruno auf ihre Freundin Klara.
Sie wollen zur Eisdiele gehen.
Luises Oma hat drei Euro spendiert.
Dafür kann Luise für jede ein Eis mit
zwei Kugeln kaufen. Da klingelt es Sturm.
Bruno läuft noch vor Luise zur Tür.
„Ich bin's!", ruft Klara. „Mach auf!"
„Ich komm ja schon", antwortet Luise.
Sie fühlt nach dem Geld
in ihrer Hosentasche.
Alles noch da.

„Es kann losgehen“, sagt sie zu Bruno.
Der wedelt mit dem Schwanz.
„Ich hab schon einen Rieseneishunger!“, sagt Klara. „Deine Oma ist echt nett. Demnächst spendiert sie auch noch Bruno ein Eis!“
„Mit Kirschen und extra viel Sahne!“, kichert Luise.
Bruno sagt nichts dazu. Er mag lieber Hundekuchen. Aber zur Eisdiele geht er trotzdem immer gerne.

Auf der Straße gehen sie nach links. Die Eisdiele liegt hinter der Kreuzung. Klara sieht, dass einige Leute Bruno hinterhergucken. Bruno trägt ein weißes Führgeschirr. Denn Bruno ist ein Blindenführhund.

Als Klara noch klein war, dachte sie, ein Blindenführhund wäre blind. So blind wie ihre Freundin Luise. Seit ihrer Geburt kann Luise nämlich nichts sehen.

Aber Blindenführhunde sehen genauso gut wie alle anderen Hunde.

Sie heißen so, weil sie blinde Menschen sicher durch den Alltag begleiten.

Bruno hat eine lange Ausbildung hinter sich. Er hat gelernt, Hindernisse zu erkennen und ihnen auszuweichen. Außerdem muss er starke Nerven haben. Durch nichts darf er sich aus der Ruhe bringen lassen. Er darf nicht erschrecken, wenn Türen knallen oder Autos hupen. Und er darf nicht einfach losrennen, wenn er etwas Spannendes sieht. Luise muss sich auf ihn verlassen können – und zwar immer. Bruno sieht, was Luise nicht sehen kann. Er warnt sie, wenn es gefährlich wird.

„Soll ich Zitrone oder Erdbeere nehmen?“, überlegt Klara laut. Auf einmal bleibt Bruno stehen. Die Ampel zeigt Rot. Aber kein Hund der Welt kann Farben erkennen wie ein Mensch, nicht einmal Bruno.
Er hält an, weil da eine Bordsteinkante ist. Luise hört auf das tuckernde Ampelsignal. „Oder soll ich Banane nehmen?“, fragt Klara und geht ganz in Gedanken einfach weiter.

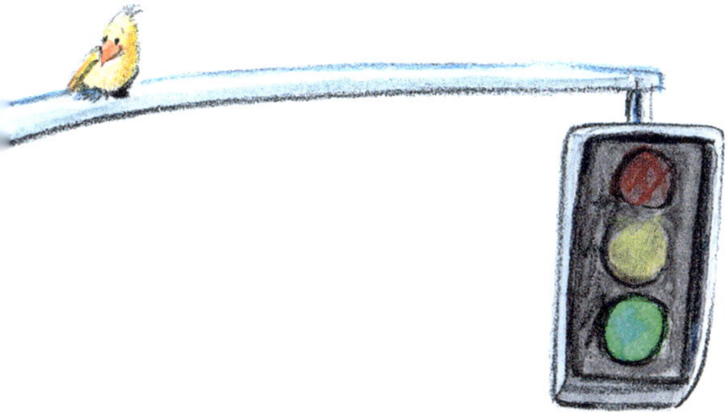

„Mensch, Klara! Es ist rot!", ruft Luise. „Du Blindfisch, pass auf!"
Klara erschrickt.
„Ups, gut aufgepasst", sagt sie.
Als die Ampel auf Grün springt, tastet Luise die Stufe am Bordstein mit dem Fuß vorsichtig ab. Schließlich will sie nicht stolpern und sich auf die Nase legen. Bruno wartet, bis das Signal zum Loslaufen kommt. Dann gehen die drei über die Straße.

In der Eisdiele treffen die beiden Frau Pudel. Frau Pudel ist Luises Nachbarin. Einen besseren Namen könnte es für Frau Pudel gar nicht geben.
Denn sie ist die weltbeste und einzig wahre Fachfrau für Hunde. Sie mag Bruno sehr – und Bruno mag Frau Pudel.
„Welche Eissorte würden Sie uns denn empfehlen?“, fragt Klara.
„Ich esse am liebsten Schokolade“, schwärmt Frau Pudel.
„Auch eine gute Idee“, sagt Klara.

„Hallo, Bruno!“, sagt Frau Pudel.
„Musst du heute wieder arbeiten?
Mein Hund wartet im Auto auf mich.“
Sie zeigt auf ein Schild.
„Hunde müssen draußen bleiben“,
liest Klara. Für Bruno gilt das nicht.
Blindenführhunde dürfen überall mit rein.
Das ist im Gesetz so geregelt.
„Glück gehabt, Bruno!“, lacht Luise.

Leserätsel

Wer kann nichts sehen?

S Der Blindfisch

K Luise

M Klara

Was ist hier denn wirklich ein Tier?

L Die Blindschleiche

P Der Blindgänger

X Der Blinddarm

Was trägt ein Blindenhund?

T Eine Sonnenbrille

A Ein Führgeschirr

W Einen selbst gestrickten Pullover

Wieso nennt man manche Hunde Blindenführer?

R Weil diese Hunde blinde Menschen begleiten.

B Weil diese Hunde Blindenschrift lesen können.

Was ist im Gesetz geregelt?

A Blindenführhunde dürfen in alle Läden mit hinein.

Z Alle Hunde dürfen Eis essen gehen.

Die richtigen Antworten ergeben ein Lösungswort:

__ __ __ __ __

So viele Hundeberufe

„Wir waren gerade beim Training auf dem Übungsplatz“, erzählt Frau Pudel. „Karlo darf ja nicht aus der Übung kommen. Aber er hat es prima gemacht.“

Karlo ist ein Rettungshund.

Ein Rettungshund sucht unter Trümmern oder Lawinen nach verschütteten Menschen. Oder er nimmt die Spur von Wanderern auf, die sich im Wald oder in den Bergen verlaufen haben.

Karlo ist ein Border Collie und genau richtig für diesen Job. Er ist nicht zu groß oder zu schwer, um auf Trümmer zu klettern. Trotzdem kann er Hindernisse gut überwinden.

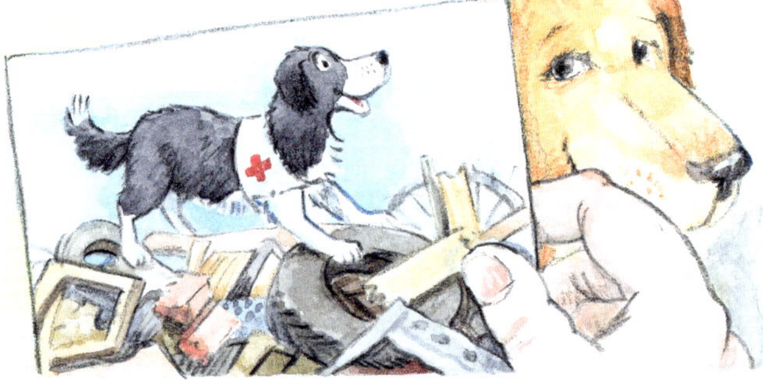

„Samstag ist ein Tag der offenen Tür auf unserem Übungsgelände“, erzählt Frau Pudel. „Ihr seid herzlich eingeladen.“

„Toll!“, meint Luise. „Dann kann Bruno sehen, dass andere Hunde auch arbeiten!“

Frau Pudel verabschiedet sich und die Mädchen bestellen ihr Eis. Mit bunten Streuseln drauf! Klara hat sich für Schokolade entschieden.

Am Samstag ist auf dem Übungsplatz viel los. Die Hunde führen vor, was sie können. Frau Pudel begleitet Klara und Luise über das Gelände.

„Wieso bellt da ein Hund?“, fragt Luise.

„Ein Rettungshund hat eine Person gefunden“, erklärt Frau Pudel. „Er bleibt an Ort und Stelle und macht auf sich aufmerksam, bis sein Hundeführer kommt.“

„Wie hat er den Menschen gefunden?“, fragt Klara. „Der war doch gar nicht zu sehen?“

„Hunde sind Schnüffelprofis“, antwortet Frau Pudel. „Karlo kann einen Menschen noch unter sechs Metern Schnee wittern!“

„Wahnsinn!“, staunt Luise.

Karlo guckt ganz stolz.

„Was ist der Unterschied zwischen Rettungshunden und Spürhunden?“, fragt Luise.
„Spürhunde suchen nicht nach Menschen. Sie sind darauf abgerichtet, verstecktes Rauschgift, Waffen oder Sprengstoff zu finden“, erklärt Frau Pudel. „Die Polizei und der Zoll arbeiten an Flughäfen oder Grenzen mit Spürhunden.“
„Wieso findet die Polizei nicht selbst die Verstecke? Die sind doch da, um Spuren zu ermitteln?“, fragt Klara. „Das ist in jedem Krimi so.“
Frau Pudel lacht.

„Stellt euch mal vor, ein Zollbeamter müsste am Flughafen Tausende Koffer durchsuchen. Das wäre unmöglich."
Klara stellt sich Berge von Koffern vor.
„Die Spürhunde schnüffeln nur mal kurz am Gepäck und schon ist der Koffer des Gangsters gefunden", ruft Luise.
„Voll genial!"
„Richtig. Die Hunde bellen, wenn sie etwas Verdächtiges erschnuppert haben", sagt Frau Pudel.

„Die Hunde erschnüffeln nur das, wofür sie ausgebildet wurden. Deshalb dauert so eine Ausbildung auch sehr lange. Und immer wieder müssen die Hunde üben, üben, üben."

„Oje – wie in der Schule", sagt Klara.

„Den Hunden macht das aber richtig Spaß", versichert Frau Pudel.

„Immer wieder üben soll Spaß machen?", wundert sich Luise.

„Für die Hunde ist die Suche nach Beute ein Spiel“, meint Frau Pudel.
Auf einmal streckt Klara ihre Nase in die Luft. „Meine Supernase riecht gerade Bratwürstchen!“
Luise schnuppert auch. „Beute!“, ruft sie.
„Immer der Nase nach“, lacht Frau Pudel.

Leserätsel

Was für ein Hund ist Bruno?
Die Buchstaben in der Schüssel verraten es dir.

_ _ _ _ _ _ _ _

Was zeichnet Hunde aus?

S P _ _ _ _ S _

So viele Wörter mit Hund!
Verbinde die Wörter mit den richtigen Bildern:

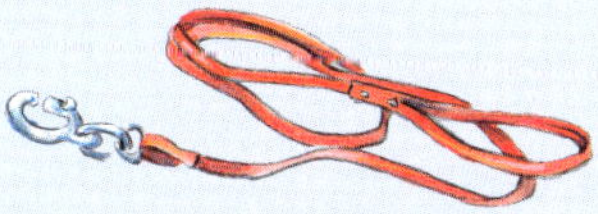

Hundefutter

Hundenapf

Hundeführer

Blindenführhund

Hundekuchen

Flughund

Seehund

Hundeleine

Hundehütte

Hundemarke

Infoseite
Hier siehst du Hunde, die den Menschen helfen:

Hütehund

Er ist der ideale Arbeitshund für Schäfer. Hütehunde helfen, Herden mit bis zu 1000 Tieren sicher durch das Gelände zu treiben. Der Hund auf dem Bild kommt aus Frankreich – die Rasse heißt Berger des Pyrénées.

Rettungshund

Der Bergrettungshund muss besonders gut klettern können. Das hier ist ein Bernhardiner. Diese Rasse stammt aus dem Kanton Bern in der Schweiz.

Border Collie

Der Border Collie ist als mittelgroßer Hund sehr gut für den Katastropheneinsatz geeignet. Eine gute Kondition und die Freude am Laufen sind für Rettungshunde ganz wichtig.

Blindenführhund

Blindenführhunde müssen sehr gehorsam, zuverlässig und nervenstark sein. Mit ihrem blinden Herrchen oder Frauchen bilden sie ein gutes Team. Hier siehst du einen Labrador.

Spürhund

Spürhunde haben einen ausgeprägten Spiel- und Beutetrieb. Bei Polizei und Zoll arbeiten meist Deutsche Schäferhunde.

Lösungen

Seite 64/65:

Luise kann nichts sehen.
Die Blindschleiche ist ein Tier.
Ein Blindenhund trägt ein Führgeschirr.
Manche Hunde heißen Blindenführhunde,
weil sie blinde Menschen begleiten.
Blindenführhunde dürfen in alle Läden mit hinein.
Das Lösungswort lautet KLARA.

Seite 74/75:

Das Lösungswort lautet LABRADOR.
Das Lösungswort lautet SPÜRNASE.

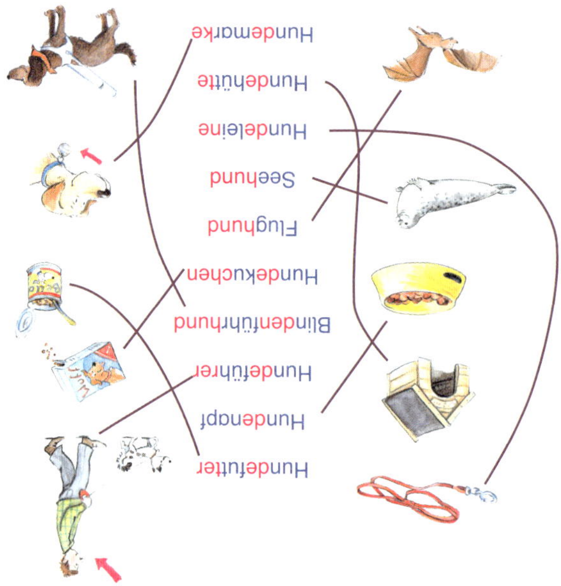

Bella, der kleine Hund

Eine Geschichte von Ria Gersmeier

mit Bildern von Anne Ebert

Ein Hund aus dem Tierheim

Mareike und Simon haben sich schon
lange einen Hund gewünscht.
Endlich sind die Eltern einverstanden.
Die Kinder jubeln.
Aber soll es nun ein großer oder
ein kleiner Hund sein?
Ein Rüde oder eine Hündin?

Alle sind sich einig: Es soll ein lieber Hund sein, der gut in die Familie passt. Nicht zu groß und nicht zu klein.

„Warum nehmen wir keinen Hund aus dem Tierheim?“, fragt Mama schließlich. „Dort suchen viele ein neues Zuhause.“

Schon am nächsten Samstag fährt die Familie zum Tierheim.

Hier gibt es Katzen, Vögel, Kaninchen, sogar Schildkröten, Mäuse und Ratten – und natürlich auch viele Hunde.

Viele Hunde teilen sich die Käfige. Manche verstecken sich in der Ecke. Andere bellen wütend oder springen begeistert an der Glasscheibe hoch.

Es gibt so viele verschiedene Hunde!
Und manche sehen sehr lustig aus,
weil die Eltern verschiedenen
Rassen angehören.
Einige Hunderassen kennst
du sicher schon:

Cairn Terrier sind
mutige, forsche und
anhängliche Hunde.
Sie eignen sich prima
fürs Stadtleben.
Schulterhöhe: ca. 30 cm.

Cocker Spaniel
sind sehr neugierig,
gelehrig und anhänglich.
Schulterhöhe: ca. 55 cm.

Pudel sind Familienhunde.
Sie sind freundlich, intelligent
und lernen sehr schnell.
Schulterhöhe: ca. 50 cm.

Labrador Retriever sind
freundliche Familienhunde.
Sie sind sehr klug und gehen
gerne ins Wasser.
Schulterhöhe: max. 57 cm.

Dackel sind treue, anhängliche
und lustige Hunde.
Schulterhöhe: bis zu 25 cm.

Dalmatiner sind sehr wachsam
und gute Spielkameraden.
Bei der Geburt sind
die Welpen weiß.
Die schwarzen Tupfen
bekommen sie erst
nach zwei Wochen.
Schulterhöhe: ca. 60 cm.

West Highland White Terrier
sind lebhafte kleine Hunde,
die ihre Menschen in
Bewegung halten.
West Highlands sind ideale
Wohnungshunde.
Schulterhöhe: ca. 30 cm.

Schnauzer sind Familienhunde.
Sie sind verspielt und klug und besitzen
einen ausgeprägten Beschützerinstinkt.
Schulterhöhe: 50 bis 55 cm.

Mareike hat eine Hündin entdeckt,
an deren Bauch sich drei kleine Welpen kuscheln.
„Oh, wie niedlich!“, ruft sie.
„Das ist eine Golden-Retriever-Hündin“, erzählt der Tierpfleger.
„Sie wurde ausgesetzt und völlig verwahrlost zu uns gebracht.
Hier hat sie dann ihre Babys bekommen.
Die Welpen sind jetzt acht Wochen alt und brauchen eine neue Familie.“

Mareike, Simon und ihre Eltern müssen sich nur kurz ansehen.
Dann sind sich alle einig:
Sie nehmen einen der Welpen!
Die Kinder suchen sich ein pummeliges Hundemädchen aus.

Es winselt ein bisschen, als Mareike es vorsichtig auf den Arm nimmt. Die Hundemutter bellt einmal kurz und wedelt dann mit dem Schwanz, als wolle sie sich von ihrem Kind verabschieden.

Einen Hundekorb hat die Familie schon.
Dahinein legt Mareike den kleinen Hund.
Auf den Namen haben sich
die Geschwister schnell geeinigt.
Ihr neues Familienmitglied
soll Bella heißen.
Den Trinknapf hat Simon mit frischem
Wasser gefüllt.
Daneben stellt Mareike den Fressnapf.
Bella bekommt in der ersten Zeit
viermal täglich ein spezielles Futter.
Hundekuchen und Kaustangen
festigen das kleine Gebiss.

Außerdem hat Bella dann etwas zu tun und knabbert nichts in der Wohnung an.
Damit Bella stubenrein wird, muss sie nach dem Fressen und Schlafen immer von Mareike oder Simon nach draußen gebracht werden.
Wenn sie draußen eine Pfütze macht, wird sie sehr gelobt.
Wenn es einmal drinnen passiert, rufen die Kinder „Pfui!“ und tragen Bella sofort nach draußen.

Nach wenigen Tagen hat der kleine Hund verstanden, was von ihm erwartet wird, und meldet sich von selbst.

Leserätsel

Trage die Buchstaben der richtigen Antwort am Ende ein, dann erhältst du die Lösung.

Mareike, Simon und ihre Eltern holen …

- AR … eine Katze aus der Zoohandlung.
- ST … einen Hund aus dem Tierheim.
- EF … ein Kaninchen von Freunden.

Cocker Spaniel sind …

- UB … neugierig, gelehrig und anhänglich.
- RU … frech, verspielt und anstrengend.
- SE … verfressen, gierig und aufdringlich.

Dalmatiner bekommen die schwarzen Tupfen …

GL … nach fünf Tagen.

AS … nach einer Woche.

EN … nach zwei Wochen.

Zu Hause legt Mareike den Hund …

TI … in einen Waschbottich.

RE … in einen Hundekorb.

ZA … auf einen Sessel.

Damit Bellas Gebiss gefestigt wird, bekommt sie …

IN … Hundekuchen und Kaustangen.

NE … Karotten und Erbsen.

ST … Bananen und Äpfel.

Mareike und Simon üben mit Bella, dass sie __ __ __ __ __ __ __ __ __ __ wird.

Der Alltag mit Bella

Jetzt ist es Zeit für einen Spaziergang.
Bella bekommt ihr neues Halsband
und die Leine angelegt.
Simon hat in den Anhänger
der Leine den Familiennamen und
die Anschrift eingetragen.
Das ist wichtig, falls Bella wegläuft.
An dem Halsband hängt auch
eine Steuermarke.
Sie ist der Nachweis dafür, dass
die Eltern für Bella Steuern zahlen.
Bella mag das Halsband gar nicht.
Sie geht keinen Schritt weiter.

Seufzend macht Mama die Leine los.
Jetzt trabt Bella begeistert hinter
ihren Menschen her.
Erst nach langem, geduldigem Üben
gewöhnt sie sich daran, an der Leine
zu laufen.

Von Bekannten ihrer Eltern haben Mareike und Simon die Adresse einer Tierärztin bekommen.
Bella mag die Ärztin sehr gerne.
Während der Untersuchung bleibt der kleine Hund ganz ruhig auf dem Behandlungstisch sitzen, obwohl er im Wartezimmer bei den vielen anderen Tieren noch ängstlich war.
Die Ärztin schaut nach Bellas Zähnen, den Ohren und den Krallen.
Die müssen regelmäßig kontrolliert werden.
Danach bekommt Bella eine Impfung, die sie vor ansteckenden Krankheiten schützt.

Mareike streichelt Bella dabei sanft.
So hat der kleine Hund weniger Angst.
Zum Schluss gibt die Ärztin den Kindern
noch Tipps, wie sie ihren Hund gut
versorgen.

Bella kann nicht sprechen.
Trotzdem versteht ihre Familie genau, was sie sagen will:

Wenn Bella auf die Wohnungstür schaut und mit dem Schwanz wedelt, kommt kurz darauf ein Familienmitglied nach Hause.
Dann wird jeder mit einem fröhlichen „Wau-wau!“ begrüßt.
Ganz besondere Zuneigung drückt sie mit einem leisen Bellen und einem leichten Stups mit der Schnauze aus.

Wenn Bella einer
Person begegnet,
vor der sie Angst hat
oder von der sie sich
bedroht fühlt, knurrt sie.
Sie hebt die Rute und das Fell sträubt sich.

Wenn Bella nachts fremde
Geräusche hört, bellt sie laut.
Sie will sich so Respekt
verschaffen und sagen:
„Ich beschütze meine Familie!“

Wenn sie spielen möchte,
wedelt sie mit dem Schwanz.
Das Schnäuzchen ist
leicht geöffnet.

Bella hat wie alle Hunde
ein sehr gutes Gehör.
Laute Musik und Lärm quälen die
empfindlichen Ohren, denn Hunde
hören fünfmal so laut wie ein Mensch.
Eine Hundepfeife, die für Menschen
geräuschlos ist, kann das Tier auch
aus einer großen Entfernung hören.
Und Bella ist sehr neugierig.
Wenn sie draußen unterwegs ist,
geht sie mit ihrer feinen Nase
über den Boden schnüffelnd auf
Entdeckungsreise.
Hunde sind Nasentiere:
Ihr Geruchssinn ist so gut, dass sie
noch einen Tag später riechen können,
wer dort gelaufen ist!

Durch ihren ausgeprägten Geruchssinn können die Hunde uns helfen. In speziellen Schulen werden sie für verschiedene Aufgaben ausgebildet. Bei der Polizei gibt es Spürhunde, die Drogen, Waffen und Sprengstoff erschnüffeln oder auch Personen finden können.

Blindenhunde begleiten ihren Besitzer im Alltag. Sie führen ihn zum Beispiel durch den Straßenverkehr. Nach Erdbeben oder Lawinen im Gebirge suchen Sanitätshunde nach Verschütteten. Sie finden Menschen auch dann noch, wenn bereits einige Tage vergangen sind.

Bella wird schnell größer.
Sie lernt rasch hinzu.
Sie ist jetzt stubenrein:
Wenn sie mal muss, läuft sie
zur Wohnungstür und jault leise.
Dann wissen Mareike und Simon,
dass sie die Leine holen und
mit ihrem Hund rausgehen müssen.

Die Kinder haben Bella inzwischen die wichtigsten Hundebefehle beigebracht. Bella weiß jetzt auch, was sie nicht darf: Sie bettelt nicht um Futter, wenn die Familie am Esstisch sitzt. Sie legt sich nicht auf das Sofa oder in die Betten, auch wenn sie das noch so gerne möchte. Und sie bellt nicht laut in der Wohnung herum.

Oft erinnert sich die Familie an den Tag, als sie die kleine Bella aus dem Tierheim geholt hat.

Und alle sind sich einig:

Schön, dass Bella zu uns gehört!

Infoseite
Wissenswertes über Hunde

Ohren
Hundeohren haben 17 verschiedene Muskeln. Sie sind daher sehr beweglich. Hunde können Geräusche wahrnehmen, die wir Menschen nich mehr hören, deshalb eignen sie sich besonders gut als Wachhunde.

Augen
Im Gegensatz zu Katzen sehen Hunde nicht so gut. Sie verlassen sich lieber auf ihre Nase.

Nase
Die Nase ist für die Hunde sehr wichtig. Sie können damit viel besser riechen als Menschen. Eine Witterung können sie auch noch nach vielen Tagen aufnehmen.

Zähne
Mit ihren starken Zähnen können Hunde große Fleisch-brocken zerreißen und kauen. Sie halten damit auch Beute fest oder knabbern Schmutz und Parasiten aus dem Fell.

Fell
Das Fell dient dem Hund als Schutz. Genau wie bei den Menschen gibt es unterschiedliches Haar: langes, kurzes, glattes, krauses … Damit der Hund gesund bleibt, ist eine regel-mäßige Fellpflege wichtig.

Hunde sind Säugetiere. Hundebabys werden nach etwa 61 Tagen Tragzeit blind geboren. Die Anzahl der Hundebabys hängt von der Rasse ab. Kleine Hunde werfen ein bis sechs Welpen, große Hunde fünf bis zwölf. Die Augen der Hundebabys öffnen sich nach etwa zwei Wochen.
Die Hündin säugt die Welpen bis zu acht Wochen lang. Danach können sie von der Mutter getrennt werden.
Bei guter Pflege kann ein Hund bis zu 14 Jahre alt werden. Einzelne Tiere werden noch wesentlich älter.

Hunde gibt es in vielen unterschiedlichen Rassen, Formen und Farben. Der kleinste Hund der Welt – der Chihuahua – ist 15 cm groß, während eine Deutsche Dogge eine Schulterhöhe von bis zu einem Meter erreicht. Auch das Gewicht unterscheidet sich: Es gibt kleine Hunde, die gerade mal 1 kg wiegen, und große, die bis zu 90 kg schwer werden.

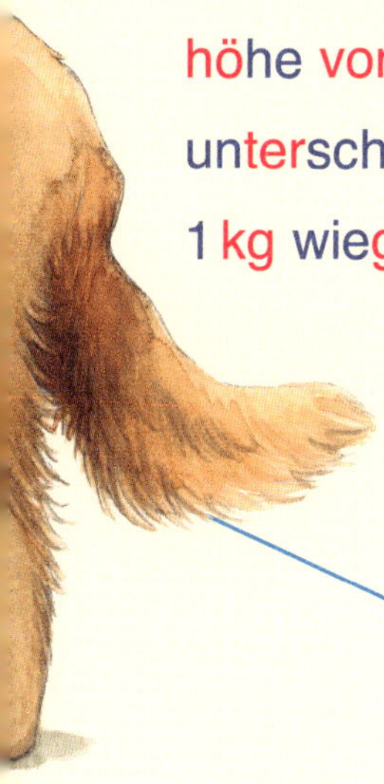

Rute
Rute nennt man den Schwanz des Hundes. Genau wie mit den Ohren „spricht“ der Hund mit dem Schwanz: Ein aufgerichteter, wedelnder Schwanz signalisiert gute Laune.

Pfoten
Hunde schwitzen über ihre Pfoten und nicht über die Zunge, denn die Schweißdrüsen des Hundes sitzen an den Sohlenballen.

Lösungen

Seite 92/93:

Mareike, Simon und ihre Eltern holen
einen Hund aus dem Tierheim.
Cocker Spaniel sind neugierig,
gelehrig und anhänglich.
Dalmatiner bekommen die schwarzen Tupfen
nach zwei Wochen.
Zu Hause legt Mareike den Hund
in einen Hundekorb.
Damit Bellas Gebiss gefestigt wird,
bekommt sie Hundekuchen und Kaustangen.
Mareike und Simon üben mit Bella,
dass sie STUBENREIN wird.

Darf ich den Hund streicheln?

So gehst du mit Hunden um

Eine Geschichte von Inga Vinkelau

mit Bildern von Sigrid Leberer

Im Park

„Wuff, wuff“, bellt es Mia und ihrer Mutter entgegen. Ein kleiner Mischlingshund springt fröhlich auf sie zu. Mia kann gar nicht genug von dem kleinen Wollknäuel bekommen.

Jeden Mittag, wenn sie mit Mama vom Kindergarten durch den Park nach Hause geht, begegnet sie Herrn Borgmann mit seinem Hund Floh.

„Am liebsten würde ich ihn mit nach Hause nehmen“, sagt Mia.

„Dann wäre Herr Borgmann aber sicher traurig“, meint Mama.

„Das stimmt“, sagt Herr Borgmann.

Mia krault Floh noch einmal an seiner Lieblingsstelle hinter den Ohren, dann verabschieden sie sich.

„Sieh mal“, ruft Mia.
Ein großer Labrador läuft auf sie zu.
„Halte Abstand“, warnt Mama, „du weißt nicht, ob der Hund freundlich ist.“
„Blacky, bleib stehen!“, ruft sein Frauchen und kommt keuchend angerannt.
Die Frau greift sich die Leine.
„Er ist ein lieber Hund“, versichert sie, „aber manchmal haut er einfach ab.
Möchtest du Blacky streicheln?“

Mia nickt und nähert sich dem Hund.
Sie lässt den Hund erst an ihrer Hand schnuppern.
„Das kitzelt“, kichert Mia.
Dann streichelt sie sein weiches Fell auf dem Rücken.
„Auf Hunde muss man immer von vorne zugehen, weil sie sonst erschrecken.
Sie wollen einen erst kennenlernen“, weiß Mia.

„Mama, ich möchte einen Hund haben“, sagt Mia beim Abendbrot.
„Und wer gibt dem Hund Futter?“, fragt Mama. „Wer geht mit ihm spazieren?“
„Ich“, verspricht Mia. „Und ich auch“, ruft Tim, der große Bruder von Mia.
„Ein Hund ist teuer“, sagt Papa. „Das Futter und der Tierarzt kosten viel Geld.“
Aber Mia lässt nicht locker: „Vielleicht ist ein kleiner Hund billiger als ein großer.“
„Wir werden darüber nachdenken“, meint Papa lächelnd.

Am nächsten Tag treffen die Kinder im Treppenhaus die Nachbarin mit ihrem Hund. „Gut, dass ich euch sehe“, sagt sie zu Mia und Tim. „Möchtet ihr Sammy ausführen? Ich habe mir mein Knie verstaucht.“

Natürlich haben Mia und Tim Lust.

Sammy wedelt erwartungsvoll mit dem Schwanz.

Frau Sommer befestigt die Leine am Halsband.

„Ich will die Leine halten“, ruft Mia und reißt Tim die Leine aus der Hand.

„Vorsicht“, sagt Mama, „zieht nicht zu sehr an der Leine. Das tut Sammy weh. Ihr könnt euch doch abwechseln.“

An der Ampel rennt der Hund hin und her.
Tim nimmt die Leine kürzer.
„Sitz!“, sagt Mama.
Sammy setzt sich hin und wartet,
bis sie weitergehen können.
„Gut gemacht, Sammy“, lobt Mama.
„Frau Sommer hat ihren Hund gut erzogen.
Beim Kommando *Sitz!* setzt er sich hin.
Wenn ihr wollt, dass Sammy bei euch
bleibt und nicht durch die Gegend rennt,
müsst ihr *Bei Fuß!* zu ihm sagen.“

Im Park probiert Mia, ob Sammy ihr gehorcht. Sie sagt „Sitz!“ und schaut den Hund erwartungsvoll an.
Sammy setzt sich hin. „Prima“, lobt Mia.
„Blacky!“, ruft plötzlich jemand.
Der schwarze Labrador rennt auf sie zu.
Als er Sammy sieht, knurrt und bellt er.
Sammy versteckt sich mit eingeklemmtem Schwanz hinter Tim.
Zum Glück kommt Blackys Frauchen und nimmt ihn an die Leine.
„Wenn ein Hund knurrt, müsst ihr vorsichtig sein“, warnt Mama.

„Mami!“, ruft ein kleines Mädchen und streckt seiner Mutter beide Arme entgegen. Es hat Angst vor Sammy. „Bei Fuß!“, sagt Tim zu Sammy und der Hund trottet brav an seiner Seite. So können sie gut an dem Mädchen vorbeigehen, ohne dass der Hund ihm zu nahe kommt.

Da macht Sammy ein Häufchen an den Wegrand. „Das müssen wir wegmachen“, sagt Mama.

Tim und Mia finden das eklig.

Mama gibt Tim eine Plastiktüte. Tim verzieht das Gesicht und stülpt sich die Tüte über die Hand.

Tapfer hebt er damit den Hundehaufen auf und bringt die Tüte zum nächsten Mülleimer. „So schlimm war das gar nicht“, meint er.

„Am Ende des Parks ist eine Hundewiese“, erklärt Mama. „Dort dürft ihr Sammy von der Leine lassen.“

Auf der Hundewiese sind noch mehr Hunde mit ihren Besitzern.

Plötzlich läuft ein kleiner Jack Russell Terrier auf Tim zu.

Tim würde am liebsten wegrennen.
Trotzdem bleibt er ruhig stehen,
verschränkt die Arme vor dem Körper
und dreht sich leicht zur Seite.
Er schaut den Hund nicht an.
Schließlich geht der Jack Russell
gelangweilt davon. Tim weiß:
Wenn er weggerannt wäre, wäre
der Hund hinter ihm hergelaufen.
Der Hund hätte dann nämlich gedacht,
er solle ihn fangen.

Leserätsel

Kreuze die richtigen Antworten an.

Wie sollst du dich Hunden nähern?

- [ ] BA Von der Seite
- [ ] TE Von vorne
- [ ] NI Von hinten

Wie heißt der schwarze Labrador, der manchmal einfach abhaut?

- [ ] RR Blacky
- [ ] SS Rocky
- [ ] TT Labby

Wohin tun die Kinder die Plastiktüte mit dem Häufchen von Sammy?

- EU In Tims Jackentasche
- EI In die Handtasche ihrer Mutter
- IE In den nächsten Mülleimer

Was befindet sich am Ende des Parks?

- P Ein Klettergerüst
- R Eine Hundewiese
- D Ein Apfelbaum

Hast du alle Fragen richtig beantwortet? Dann weißt du, zu welcher Hunderasse der kleine Hund gehört, der im Park auf Tim zuläuft.

Zur Rasse der Jack Russell

__ __ __ __ __ __ __

Jede Menge Spaß mit Sammy

Heute dürfen Tim und Mia Sammy füttern. Frau Sommer zeigt ihnen, wo das Hundefutter und die Näpfe stehen. „Der Wassernapf muss immer gefüllt sein“, sagt Frau Sommer. In den anderen Napf füllt Tim Hundefutter aus der Dose und mischt es mit etwas Trockenfutter.

Sammy stürzt sich hungrig darauf.
„Jetzt dürft ihr nicht mehr an den Napf
gehen“, warnt Frau Sommer.
„Sammy mag das nicht.
Er fängt dann an zu knurren.“

Am Nachmittag kommt Mias Freundin
Paula zu Besuch.
Sie will mit Mia, Tim und Sammy
im Garten spielen.
Der Hund schnuppert vorsichtig an Paula.
Sein Fell sträubt sich.
„Er riecht wohl meine Katze“, vermutet
Paula etwas ängstlich.

Aber als sie ihm
auf der flachen Hand
ein Leckerli gibt,
wedelt Sammy freundlich mit dem Schwanz.
„Das heißt, er freut sich“, weiß Paula.

Dann legt Sammy sich auf den Rücken.
Mia streichelt den Hund am Bauch.

Plötzlich springt
Sammy auf und kratzt
an der Tür.
Er schaut die Kinder auffordernd an.
„Sammy möchte nach draußen gehen“,
meint Tim.

Die Kinder gehen mit Sammy in den Garten.
Der Hund bellt freudig. Er stellt sein
Hinterteil auf und senkt den Oberkörper ab.
„Das sieht lustig aus“, kichert Paula.
„Damit will Sammy uns sagen, dass er
spielen will“, erklärt Tim.
Die Kinder und der Hund toben zusammen
auf dem Rasen und jagen nach einem
kleinen Ball.
Der Ball rollt unter einen Busch.
Sammy stürzt hinterher.

Plötzlich bellt er und jault kurz auf.
Hat Sammy sich wehgetan?
Vorsichtig setzt der Hund eine Pfote
nach vorne.
Blitzschnell zieht er sie wieder zurück
und fängt an zu kläffen.
„Ein Igel!“, ruft Paula.
„Sammy, bei Fuß!“, sagt Mia und geht
mit dem Hund zurück auf den Rasen,
während sich der Igel ein neues Plätzchen
zum Schlafen sucht.

Als Mia und Tim mit ihren Eltern beim Abendessen sitzen, fragt Mia: „Dürfen wir denn nun einen eigenen Hund bekommen?“

„Ihr habt euch wirklich gut um Sammy gekümmert“, sagt Mama.

„Wenn Mia nächstes Jahr in die Schule kommt und ihr dann immer noch einen Hund möchtet, fahren wir zum Tierheim“, verspricht Papa.

Tim und Mia überlegen schon, was sie alles für einen Hund brauchen würden: einen Futter- und einen Wassernapf, einen Korb und eine Schlafdecke, eine Hundemarke, ein Halsband und eine Leine, Kämme und Bürsten, einen Transportkorb und Hundespielzeug …

Leserätsel

Kreuze die richtigen Antworten an und trage die Buchstaben auf den Strichen unten rechts ein.

Der eine Hundenapf ist immer voll Wasser. Was füllt Tim in den zweiten Napf?

- PF Hundefutter aus der Dose und etwas Trockenfutter
- OL Cornflakes und etwas Obst
- SU Gemüse und etwas Reis

Wie heißt Mias Freundin?

- DR Lena
- LE Paula
- ZO Sophia

Woran kratzt Sammy?

KL Am Bett

IL Am Tisch

GE An der Tür

Welches Tier sieht Sammy, als er anfängt zu kläffen?

AT Einen Vogel

WI Eine Spinne

PL Einen Igel

Wann kommt Mia in die Schule?

AN Nächstes Jahr

SI Übernächstes Jahr

RU In zwei Jahren

Damit du immer an alles denkst, was du bei einem Hund beachten musst, benötigst du einen

__ __ __ __ __ __ __ __ __ __.

Infoseite
Die Hundesprache

Hunde verständigen sich nicht nur mit ihrer Stimme, sondern auch mit ihrem Körper. Durch die Haltung ihres Schwanzes und ihrer Ohren können sie viel mitteilen.

Ein Hund kratzt sich häufig. Vielleicht hat er einen Floh.

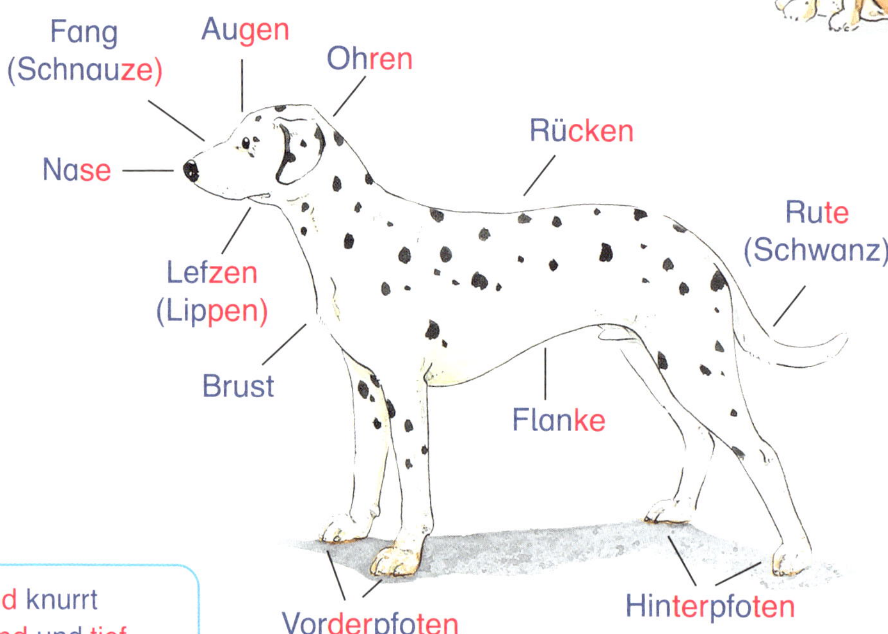

Ein Hund knurrt anhaltend und tief. Das ist eine Drohung und heißt: Komm bloß nicht näher.

Ein Hund fletscht die Zähne. Sein Fell ist gesträubt und der Schwanz nach oben gestellt. Das sind Warnzeichen. Sie heißen: Lass mich in Ruhe!

Ein Hund springt an dir hoch, wedelt mit dem Schwanz und bellt. Die Ohren sind gespitzt. Er freut sich und will spielen.

Ein Hund drückt die Vorderbeine nach unten und wedelt mit dem Schwanz. Er will spielen.

Ein Hund bellt und wedelt mit dem Schwanz. Er ist aufgeregt. Er freut sich, hat Angst oder ist einfach unsicher.

Ein Hund kuschelt sich an dich und legt sich auf den Rücken. Er möchte gestreichelt werden.

Ein Hund duckt sich, klemmt den Schwanz ein und legt die Ohren an. Er hat Angst. Vorsicht! Verängstigte Hunde wehren sich.

Ein Hund jault oder winselt. Er hat Schmerzen oder Angst.

Infoseite

Wichtige Regeln für den Umgang mit Hunden

1. Begegne jedem Hund vorsichtig und frage den Besitzer, ob du den Hund streicheln darfst.

2. Nähere dich einem Hund immer von vorne, damit er nicht erschrickt.

3. Starre einem Hund nie direkt in die Augen.

4. Gib einem Hund klare Anweisungen, damit er dich verstehen kann.

5. Pass auf, einem Hund nicht auf den Schwanz oder die Pfoten zu treten.

6. Ärgere einen Hund nicht. Ziehe ihn nicht am Schwanz.

7. Störe einen Hund nie beim Fressen.

8. Geh nie alleine, ohne einen Erwachsenen, mit einem Hund spazieren.

9. Trenne niemals streitende Hunde. Das ist gefährlich.

Lösungen

Seite 122/123:
Hunden sollst du dich immer von vorne nähern.
Der schwarze Labrador heißt Blacky.
Die Kinder tun die Plastiktüte mit dem Häufchen
in den nächsten Mülleimer.
Am Ende des Parks befindet sich eine Hundewiese.
Der kleine Hund gehört zur Rasse der
Jack Russell TERRIER.

Seite 132/133:
In den zweiten Napf füllt Tim Hundefutter
aus der Dose und etwas Trockenfutter.
Mias Freundin heißt Paula.
Sammy kratzt an der Tür.
Sammy fängt an zu kläffen, als er einen Igel sieht.
Mia kommt nächstes Jahr in die Schule.
Damit du immer an alles denkst, was du
bei einem Hund beachten musst,
benötigst du einen PFLEGEPLAN.

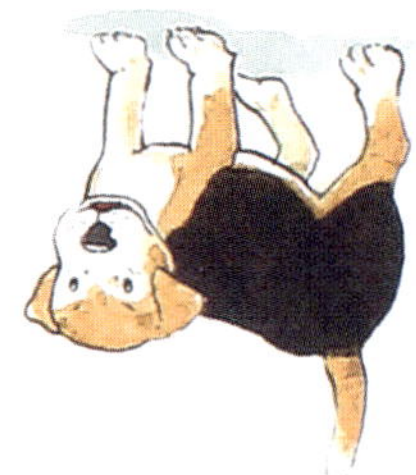

Der kleine Hund – alles, was du wissen willst

Eine Geschichte von Susa Hämmerle
mit Bildern von Eva Spanjardt

Ein Hund aus dem Tierheim

Julian hat einen großen Traum.
Er wünscht sich einen Hund!
Ständig liest er Hundebücher.
Oder er zeichnet Hunde: schwarze, weiße, dünne, runde …
Mama und Papa sind nach einigem Überlegen einverstanden.
„Es muss aber einer aus dem Tierheim sein“, sagt Papa. „So wie die Meerschweinchen deiner Schwester Lotte.“
„Juhu!“, jubelt Julian.

Schon am nächsten Tag
fahren sie zum Tierheim.
Der Tierpfleger Max führt
sie durch die Hundeanlage.
Ist das ein Gebell und
Gewinsel – so viele Hunde!
Wie soll Julian sich nur entscheiden?
Lotte ruft: „Julian, komm schnell –
hier sind so süße Hundebabys!“
„Die Welpen sind leider schon vergeben“,
meint Max. „In den ersten Wochen
bleiben sie noch hier bei ihrer Mama
und dann werden sie von ihrer
neuen Familie abgeholt.“
Da spürt Julian etwas Feuchtes.
Eine Schnauze stupst ihn
durch das Gitter an.
Und darüber: zwei kugelrunde Augen,
die zu ihm hochschauen – mit dem
treuesten Hundeblick der Welt!

Julian weiß sofort: Das ist sein Hund!
„Er heißt Balu“, sagt Max.
Er erzählt, was er über den
Mischlingshund weiß.
Balu ist sechs Monate alt, neugierig
und freundlich.
Außerdem hört er auf die
wichtigsten Kommandos.
Er ist auch schon stubenrein,
das heißt, er zeigt, wenn er
nach draußen muss.
Und er liebt es, wenn man
ausgiebig mit ihm spielt!
Zum Glück hat Julian
ein selbst geknüpftes
Wurftau dabei.
Nach einer laaangen
Spielrunde schlägt Max
einen Spaziergang vor.

Oje, brav „bei Fuß gehen“
kann Balu aber nicht!
Er zerrt mal nach rechts, mal
nach links und beschnuppert alles.
Papa meint: „Ein klarer Fall
für die Hundeschule.“
Und damit ist es fix: Julian darf Balu
gleich mit nach Hause nehmen!
Max gibt der Familie noch Tipps für
die Eingewöhnung mit auf den Weg.
Dann legt Julian das Wurftau
in die Transportbox und – wupp! –
schon ist Balu drinnen.

Als Mama den Motor startet,
stellt Balu die Ohren auf.
Offenbar mag er Autofahren!
Ein bisschen aber winselt er dann
doch, vor allem in den Kurven –
bis Julian sich so verrenkt, dass Balu
seine Hand beschnuppern kann.
Es hilft!
Julian spürt ein warmes Gefühl
im Bauch vor Freude, dass er nun
ein Hundeherrchen ist!

In der Wohnung ist alles
schon vorbereitet für Balu.
Zuerst sitzt er nur da und
schaut sich mit großen Augen um.
Dann beginnt er, alles zu beschnüffeln.
Die Möbel.
Die Kiste mit dem Spielzeug.
Den Futterplatz mit den zwei Schüsseln.
Balu trinkt durstig aus dem Wassernapf
und auf dem kuscheligen Hundekissen
will er gleich Probe liegen.
Offenbar findet er es sehr gemütlich.
Er gähnt und ist Sekunden später
eingeschlafen.

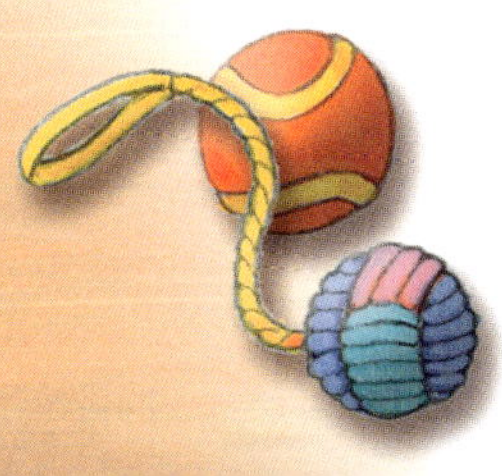

Leserätsel

Trage die Buchstaben der richtigen Antwort am Ende ein, dann erhältst du die Lösung.

Was wünscht Julian sich?

TU Einen Vogel

RE Eine Katze

WA Einen Hund

Welches Tier hat Julians Schwester Lotte?

FU Einen Hamster

SS Zwei Meerschweinchen

MO Einen Wellensittich

Was stupst Julian durch das Gitter an?

ER Eine feuchte Schnauze

PO Ein struppiger Schwanz

TR Eine kleine Pfote

Was legt Julian in die Transportbox?

BO Einen Tennisball

NA Das Wurftau

DE Ein Spielzeug

Worauf schläft Balu ein?

LA Auf dem Sofa

SU Auf dem Bett

PF Auf dem Hundekissen

Wenn du alles richtig beantwortet hast, erfährst du, was ein Hund unbedingt braucht.

__ __ __ __ __ __ __ __ __ __

Balu lebt sich ein

In den nächsten Tagen
muss Balu sich erst
einmal zurechtfinden.
Julian merkt schnell,
welche Dinge Balu mag:
Er genießt es, gestreichelt und
gebürstet zu werden.
Er ist begeistert vom gemeinsamen
Gassigehen mit der ganzen Familie.
Am allermeisten aber liebt Balu,
wenn Julian ihn beim
Kommando-Üben mit
Leckerlis belohnt …
Dann kommt er
gar nicht mehr
heraus aus dem
Schwanzwedeln!

Andere Dinge mag Balu
hingegen gar nicht.
Zum Beispiel Alleinsein –
nicht einmal für zehn Minuten.
„Wir müssen ihn langsam
daran gewöhnen“, sagt Papa.
„Gib ihm doch etwas,
das nach dir riecht.
Damit er sich nicht so einsam fühlt,
während wir einkaufen sind.“
Eine gute Idee!
Julian legt Balu eines seiner
T-Shirts auf das Schlafkissen.
Es scheint zu klappen.
Balu winselt kein bisschen,
als Julian sich von ihm
verabschiedet.

Nach dem Einkaufen erwartet Balu sie nicht wie sonst an der Wohnungstür.
Schließlich finden sie ihn in der Küche …
Julians zerfetzter Lieblingsball liegt neben ihm.
Papa seufzt und sieht sich die Bescherung an.

„Wir müssen ihn bald bei der Hundeschule anmelden. Aber zuerst sollten wir zur Tierärztin gehen, um sicherzustellen, dass er auch wirklich alle Impfungen hat.“

Während Papa einen Termin ausmacht, verstaut Julian seine Sachen „Balu-sicher“. Balu sieht ihm mit traurigem Blick dabei zu. „Schau nicht so, ich bin dir doch nicht mehr böse“, sagt Julian und wuschelt ihm durchs Fell. Dann holt er das Wurftau vom Tierheimbesuch, an dem Balu nach Herzenslust herumkauen darf.

Die Tierärztin untersucht Balu gründlich und studiert seinen Impfpass.
„Alles bestens", sagt sie. „Er ist bereit für den ersten Schultag."
„Ich könnte ihm eine Schultüte basteln", fällt Julian ein.
„Bis oben hin voll mit Spielzeug und Kaustangen."
Die Tierärztin lacht.
„Wenn er in der Hundeschule so brav ist wie bei der Untersuchung, hat er sich eine Belohnung auf jeden Fall verdient."

Zu Hause angekommen, bleibt Balu neben der Wohnungstür sitzen und scharrt mit den Pfoten.
Das macht er immer, wenn er muss.
Seufzend holt Mama erneut die Leine.
Wie meistens wird es ein langer Gassigang!
Für Balu gibt es immer so viel zu entdecken: eine Katze, die er jagen will.
Unzählige Baumstämme, die aufregend riechen. Und einen Igel, der sich eilig zur Kugel rollt …
Zum Glück hat die Tierärztin ihnen einen Flohschutz mitgegeben.
Allein beim Gedanken, dass der Igel Flöhe haben könnte, muss Julian sich kratzen!

Leserätsel

Trage die Buchstaben der richtigen Antwort am Ende ein, dann erhältst du die Lösung.

Wie zeigt Balu, dass er etwas mag?

- L Er wedelt mit dem Schwanz.
- A Er bellt laut. 
- U Er hebt die Ohren und starrt auf den Boden. 

Was legt Julian Balu auf das Schlafkissen?

- E Eines seiner alten T-Shirts
- S Eine alte Hose
- R Einen alten Pullover

Was hat Balu zerfetzt?

- V Julians Socke
- I Julians Lieblingsball
- D Julians Federmappe

Wer untersucht Balu?

- P Eine Augenärztin
- O Eine Zahnärztin
- N Eine Tierärztin

Welche Tiere können Igel haben?

- E Flöhe
- W Zecken
- U Raupen

Was solltest du bei einem Spaziergang mit einem Hund immer dabeihaben?

Eine __ __ __ __ __

In der Hundeschule

Am nächsten Tag besuchen Papa, Lotte und Julian zum ersten Mal mit Balu die Hundeschule. Ein weißer Pudel läuft ihnen beim Eingangstor entgegen – die Leine hinter sich herziehend.

„Aus, Nela!“, ruft eine Frauenstimme. Julian horcht auf. Ist das nicht …?

Tatsächlich!
Ihre Nachbarin Frau Schwarz
rennt Nela hinterher.
Energisch fasst sie nach der Leine.
Nela tänzelt bellend um Balu herum.
„Ich glaube, die beiden verstehen sich“,
grinst Lotte und kichert.
Die beiden neuen Freunde Nela und Balu
scheinen den Hundetrainer zu mögen.
Julian hört ihm aufmerksam zu.
Er erfährt, dass es für die Grund-
kommandos auch Handbewegungen gibt.
Ob Balu das auch lernen kann?
Als Balu das erste Mal auf Julians
„Bei Fuß!“ folgt, platzt er fast vor Stolz.

Julian und Lotte können es kaum erwarten, dass ihre Freunde Luise und Niklas Balu kennenlernen.
„Aus!“, ruft Julian, als Balu die beiden beim Eintreten wie wild geworden anbellt.
„Er riecht bestimmt unsere Katze Minou“, grinst Luise.
Balu beruhigt sich und beginnt, zögerlich mit dem Schwanz zu wedeln.
„Wollen wir in den Park gehen?“, fragt Julian.

Im Park errichten die Freunde für Balu einen Hunde-Parcours.
Er meistert die Aufgaben tadellos: das Pirschen über Baumstämme; den Sprung durch Lottes Hula-Hoop-Reifen und das Apportieren unzähliger Föhrenzapfen …
Jetzt sind alle richtig hungrig.
Niklas will gerade in sein Wurstbrot beißen, doch schwups – weg ist es!
Wohlig knurrend verschwindet Balu mit seiner Beute im Gebüsch.
Vor lauter Lachen schafft Julian es fast nicht, ihm nachzulaufen und gehörig zu schimpfen.

Nach diesem tollen Tag im Park
ist der Wurstbrotdieb rundum glücklich –
und sehr, sehr schlammig.
„Du liebe Güte“, sagt Papa, „ich glaube,
es ist Zeit für sein erstes Bad.“
Papa und Julian stecken Balu
in die Badewanne.

Doch Balu badet gar nicht gerne!
Immer wieder will Balu aus der Wanne springen und setzt dabei das ganze Badezimmer unter Wasser.
Das Bad hat etwas mit Balu gemacht.
Verzweifelt tapst er in der Wohnung herum und schnuppert ständig an seinem eigenen Fell.

Julian ist zuerst ratlos.
Doch dann geht ihm ein Licht auf.
„Du magst es nicht, dass du jetzt nach Hundeshampoo riechst und nicht mehr nach dir selbst, hm?“
Kurzerhand hebt er Balu hoch und trägt ihn zum Sofa, wo seine Hundedecke liegt.
Deren Geruch scheint Balu halbwegs zu beruhigen.
Er rollt sich ein und Julian kuschelt sich zu ihm.

Ab und zu winselt Balu und öffnet
immer wieder ein Auge.
Da hat Julian plötzlich noch eine Idee:
„Ich erzähle dir eine Gutenachtgeschichte!“
Er fischt eines seiner Hundebücher
aus dem Regal.
So oft hat er früher darin gelesen und
sich sehnlich einen Hund gewünscht!
Und nun hat er nicht nur irgendeinen Hund.
Nein – er hat den besten Hund
der Welt.

Julian klappt das Buch auf,
räuspert sich und beginnt:
„Weißt du, Balu – ihr Hunde
seid ganz besondere Wesen.
Und überaus klug!
Hast du gewusst, dass Hunde
auch für Menschen arbeiten?
Als Blindenhunde, Rettungshunde,
Lawinenhunde ...
Und ihr macht euren Herrchen
und Frauchen … ganz viel
Freudbauchwärme … auch wenn ihr
Lieblingsbälle … oder Wurstbrote …“
Mitten im Reden ist Julian eingeschlafen.
Arm in Pfote mit Balu, der leise
und glücklich aufseufzt,
zwischen zwei Schnarchern.

Mit einem Hund als Haustier ist immer etwas los. Und es gibt vieles, was man wissen muss:

Es gibt über 200 Hunderassen in den unterschiedlichsten Farben und Größen. Jede Rasse hat bestimmte Charakter-eigenschaften.

Mops

Chihuahua

Dalmatiner

Streichle deinen Hund oft und ausgiebig – aber greife nie von oben her auf seinen Kopf.

Sei bei der Erziehung liebevoll, aber bestimmt. Ein Hund muss in jeder Situation gehorchen!

Füttere ihn regelmäßig und achte darauf, dass er stets frisches Wasser im Napf hat.

Für die Fahrt im Auto oder zum Tierarzt braucht dein Hund eine passende Transportbox.

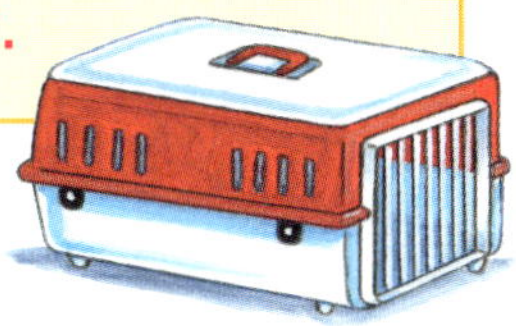

Achte immer gut darauf, wann dein Hund nach draußen muss. Hab immer eine Tüte für sein Geschäft dabei.

Jeder Hund braucht ein Halsband. Daran werden die Leine und die Hunde-marke befestigt.

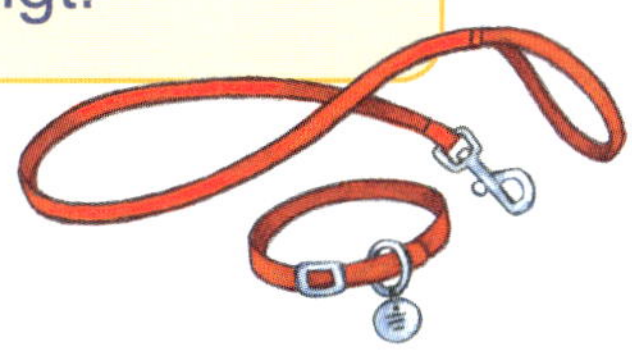

Achte auf Laute und Körperhaltung. Schwanzwedeln zeigt Freude. Bei Knurren und Zähnefletschen ist Vorsicht geboten.

Achte beim Spielzeug darauf, dass keine Verletzungs- oder Verschluckungsgefahr besteht, und lass dich im Fach-geschäft beraten.

Bürste deinen Hund täglich und bade ihn ab und zu.

Einmal im Jahr solltest du mit ihm zur Vorsorgeuntersuchung gehen, damit er gesund bleibt.

Infoseite
Die wichtigsten Hundebefehle

BALU! – Ein Hund muss bei Zuruf seines Namens sofort aufhorchen.

STEH! – Ein sehr nützlicher Befehl, zum Beispiel beim Bürsten.

SITZ! – Der Hund soll sich hinsetzen und abwarten, was du weiter von ihm willst.

AUS! – Auf diesen Befehl hin muss der Hund sofort loslassen, was er im Maul hat.

BLEIB! – Der Hund soll bleiben, wo er ist, und auf dich warten, bis du wiederkommst.

PLATZ! – Damit sagst du dem Hund, dass er sich ruhig hinlegen soll.

NEIN! – Das rufst du bei allem, was dein Hund tut, aber nicht darf!

(BEI) FUSS! – Ob mit oder ohne Leine: Der Hund soll brav an deiner Seite laufen.

HIER! – Bei diesem Kommando soll dein Hund sofort zu dir kommen.

Lösungen

Seite 146/147:

Julian wünscht sich einen Hund.
Julians Schwester Lotte hat zwei Meerschweinchen.
Eine feuchte Schnauze stupst Julian durch das Gitter an.
Julian legt das Wurftau in die Transportbox.
Balu schläft auf dem Hundekissen ein.
Ein Hund braucht unbedingt einen WASSERNAPF.

Seite 154/155:

Er wedelt mit dem Schwanz.
Julian legt eines seiner alten T-Shirts auf das Schlafkissen.
Balu hat Julians Lieblingsball zerfetzt.
Eine Tierärztin untersucht Balu.
Igel können Flöhe haben.
Bei einem Spaziergang mit einem Hund
solltest du immer eine LEINE dabeihaben.

Lesen lernen mit der Lesemaus

Liebe Eltern,

alle Kinder wollen lesen lernen. Sie sind von Natur aus wissbegierig. Diese Neugierde Ihres Kindes können Sie nutzen und das Lesenlernen frühzeitig fördern. Denn Lesen ist die Basiskompetenz für alles weitere Lernen. Aber Lesenlernen ist nicht immer einfach. Es ist wie mit dem Fahrradfahren: Man lernt es nur durch Üben – also durch Lesen.

Lesespaß mit Lesepass

Je regelmäßiger Ihr Kind übt, desto schneller und besser wird es das Lesen beherrschen. Eine schöne Motivation kann dabei ein Lesepass sein, den Sie zusammen mit Ihrem Kind basteln können.
Vereinbaren Sie mit ihm eine kleine Belohnung, die es für eine bestimmte Anzahl an Trainingsminuten gibt.
Eine Leseeinheit können zum Beispiel 10 Minuten sein.
Für jede Leseeinheit gibt es einen Sammelpunkt – und nach einer zu vereinbarenden Anzahl von Punkten dann die kleine Belohnung.

Wie können Sie Ihr Kind beim Lesenlernen unterstützen?

Je positiver Kinder das Lesen erleben, desto motivierter sind sie, es selbst zu lernen. Versuchen Sie, Ihrem Kind

ein Vorbild zu sein. Zeigen Sie Ihrem Kind, dass Lesen und Schreiben zum Alltag gehören. Etablieren Sie gemeinsame Leserituale. So erfährt Ihr Kind: Lesen macht Spaß!
Lesen Sie Ihrem Kind mindestens bis zum Ende der Grundschulzeit vor. Auch wenn Ihr Kind zunehmend eigenständig liest, bleibt das Vorlesen ein schönes und sinnvolles Ritual.

Lesen lernen mit der Lesemaus

Jedes Kind lernt unterschiedlich schnell lesen. Orientieren Sie sich bei der Auswahl von Erstlesebüchern daher an den Interessen und Lesefähigkeiten Ihres Kindes. Die Geschichten sollen Ihr Kind fordern, aber nicht überfordern.
Die Lesemaus zum Lesenlernen bietet spannende und leicht verständliche Geschichten für Leseanfänger. Altersgerechte Illustrationen helfen, das Gelesene zu verstehen.
Mit lustigen Leserätseln können die Kinder ihre Lernerfolge spielerisch selbst überprüfen. Außerdem gibt es in jedem Band interessante Sachinfos für Jungen und Mädchen.

Ihnen und Ihrem Kind viel Spaß beim Lesen!

Wir produzieren nachhaltig
- Klimaneutrales Produkt
- Papiere aus nachhaltigen und kontrollierten Quellen
- Hergestellt in Europa

FSC www.fsc.org MIX Papier | Fördert gute Waldnutzung FSC® C002795

Die LESEMAUS ist eine eingetragene Marke des Carlsen Verlags.

Sonderausgabe im Sammelband

ISBN: 978-3-551-06669-5
Umschlagillustration: Heike Wiechmann
Illustrationen Vorsatz: Eva Spanjardt
Illustration der Lesemaus: Hildegard Müller
Umschlagkonzeption: Gunta Lauck
Lektorat: Constanze Steindamm
Satz: Karin Kröll
Lithografie: ReproTechnik Fromme, Hamburg

Was machen kleine Hunde?
© Carlsen Verlag GmbH, Hamburg 2021

Anton und Mila finden einen Hund
© Carlsen Verlag GmbH, Hamburg 2020

Helfer auf vier Pfoten
© Carlsen Verlag GmbH, Hamburg 2006

Bella, der kleine Hund
© Carlsen Verlag GmbH, Hamburg 2004

Darf ich den Hund streicheln?
© Carlsen Verlag GmbH, Hamburg 2012

Der kleine Hund – alles, was du wissen willst
© Carlsen Verlag GmbH, Hamburg 2021